사랑이라는 별 하나

사랑이라는 별 하나

초판인쇄 2025년 9월 30일
초판발행 2025년 9월 30일

지은이 신현국
펴낸이 이해경
편집 길민정
펴낸곳 (주)문화앤피플뉴스
등록번호 제2024-000036호
주소 서울 중구 충무로2길 16, 4층 403호 (충무로4가, 동영빌딩)
대표전화 02)3295-3335
팩스 02)3295-3336
이메일 cnpnews@naver.com
홈페이지 cnpnews.co.kr

정가 13,000원
ISBN 979-11-94950-10-3 (03810)

※ 이 책은 전부 또는 일부 내용을 재사용하려면 반드시 저작권자와 도서출판
  문화앤피플의 동의를 받아야 합니다.
※ 이 도서의 국립중앙도서관 출판시도서목록(CIP)은 서지정보유통지원시스템
  홈페이지(http://seoji.go.kr)와 국가자료공동목록시스템(http://www.go.kr/kolisnet)
  에서 이용하실 수 있습니다.
※ 이 책은 교보문고와 연계하여 전자책으로도 발간되었습니다.
※ 이 책은 국립중앙도서관 홈페이지에서 검색 가능합니다.
  잘못 만들어진 책은 바꿔드립니다.

사랑이라는 별 하나

신현국 제2시집

문화앤피플

 작가의 말

　은퇴 후 시작한 글쓰기는 저에게 새로운 삶의 길이 되었습니다.

　오는 9월 25일이면 헬스 운동과 글쓰기, 독서를 함께 시작한 지 꼭 3년이 됩니다. 그동안 삼백여 권의 책을 읽으며 얻은 배움과 깨달음은 제 글을 키워 준 든든한 뿌리가 되어 주었습니다.

　그 결실로 지난해 첫 시집 『닻을 올리다』를 세상에 내놓을 수 있었고 이제는 두 번째 시집 『사랑이라는 별 하나』로 다시 독자 여러분을 찾아뵙게 되었습니다.

　앞으로도 책과 운동 그리고 글쓰기를 통해 제 삶의 꽃을 피워가며 진솔한 마음을 글 속에 담아내고자 합니다.

이 자리를 빌려 제 걸음을 응원해 준 사랑하는 가족과 부족한 글을 기꺼이 읽어 주시는 독자 여러분 그리고 출간을 도와주신 '문화앤피플' 모든 분들께 깊이 감사드립니다.

작은 별 하나 같은 이 시집이 여러분의 마음에도 따스한 빛으로 남기를 소망합니다.

감사합니다.

2025년 9월 *신현국*

차례

작가의 말 ☆05

01 사랑이라는 별 하나

사랑이라는 별 하나	☆ 14
님과 함께	☆ 15
당신의 향기	☆ 16
웃음꽃	☆ 17
귀한 님	☆ 18
이별 앞에서	☆ 20
사랑	☆ 21
따뜻한 눈빛 하나	☆ 22
젊음은 불꽃처럼	☆ 24
당신은 안개꽃	☆ 25
그리움 머무는 자리	☆ 26
그대 눈동자	☆ 27
아름다운 너를	☆ 28
그대	☆ 29
당신은 내 인생의 결정체	☆ 30
당신은 웃음 꽃	☆ 31
그 눈에 머물다	☆ 32
당신을 기다리며	☆ 33
그대는 아침 햇살	☆ 34
새벽에 피는 꽃	☆ 35
별처럼 머무는 그대	☆ 37

02 제주의 숨결

탐라 검은 제국	☆ 40
검은 섬의 노래	☆ 41
해변의 파수꾼	☆ 42
용두암 인어공주	☆ 43
제주 천지연 폭포	☆ 44
제주 외돌개	☆ 45
광복 80주년 빛의 날에	☆ 46
성산 앞바다	☆ 48
천혜의 고향 제주	☆ 49
해풍	☆ 50
제주의 숨결	☆ 51
바다의 숨소리	☆ 52
파도 그리고 바람	☆ 53
희망의 파도	☆ 54
바람은 내 마음처럼	☆ 55
파도처럼	☆ 56
여름을 마주한다	☆ 57
찜통 무더위	☆ 58
창조의 여름 찬가	☆ 60
여름이 피어나다	☆ 61
여름의 길목에서	☆ 62

03 도심 속 풍경

존재의 몸짓 ☆ 66
청둥오리 한 가족 ☆ 67
지하철 ☆ 68
중랑천의 저녁 ☆ 69
청계천 ☆ 70
조용히 빠져든다 ☆ 72
문명의 역설과 생존 ☆ 73
도심 속 자연 ☆ 74
비 오는 날, 서울 바람에 젖다 ☆ 75
익숙한 속에서 ☆ 76
숨결이 스며든다 ☆ 77
장마 그 쉼표 같은 시간 ☆ 78
은혜의 빗속을 걷다 ☆ 80
주 안에 ☆ 81
가을의 서곡 ☆ 82
아들은 관종이었다 ☆ 83
딸이 말했다 ☆ 84
몸둘 바를 모르겠던 날 ☆ 86
아내 바보라는 유전자 ☆ 88
아저씨라 불리는 나이 ☆ 90

04 존재의 향기

나를 잠시 놓아본다	☆ 94
꽃은 피고 지고	☆ 95
물방울 하나	☆ 96
세월은 바람 같고	☆ 97
자연은 계절 따라	☆ 98
숨과 감사	☆ 100
숨 고르듯	☆ 102
숨을 고른다	☆ 103
첫 경험	☆ 104
새싹의 숨결	☆ 106
꿈을 꾸네	☆ 107
한 끼 삶 한 조각	☆ 108
시간의 법칙	☆ 110
비상한다	☆ 111
바라보는 자	☆ 112
존재의 이유	☆ 113
자연의 진노 앞에	☆ 114
내 영혼의 햇살	☆ 115
존재의 일관성	☆ 115
시간의 이름으로	☆ 117

커피, 그리고 사색

그 바다 카페에서	☆ 120
커피 향에 젖어 본다	☆ 122
하루의 끝 커피 한잔	☆ 124
카페	☆ 125
보리밭에서	☆ 126
커피, 그리고 나	☆ 127
카페의 문화	☆ 128
보리밭 쉼터	☆ 129
처마 밑 제비집	☆ 130
꽃의 여왕 장미	☆ 132
열매를 꿈꾼다	☆ 133
존재의 향기 속으로	☆ 134
여름과 가을 사이	☆ 135
순응의 철학	☆ 136
기다리는 사랑	☆ 137
별 하나, 나를 비추다	☆ 138
안개되어	☆ 139
안개의 품속에서	☆ 140
시원한 바람결	☆ 141
그 안에 너	☆ 142
흔들어 깨웁니다	☆ 144

사랑이라는 별 하나

그대는
분명히
나만의 별로 빛나고
있다는 걸

1부

사랑이라는 별 하나

사랑이라는 별 하나

캄캄한 밤하늘에
수없이 빛나는 은하수 각기 제빛을 뽐내며
화려하게 반짝이지만
내 눈엔 오직 당신 하나뿐
그대라는 별을 찾고 또 찾는다

세상이 어둡고 마음이 외로워질수록
더 또렷이 떠오르는 사랑 하나

수많은 조개 속에 숨어 있는 진주처럼
그대는 쉽게 보이지 않지만 내 마음은 안다

그대는 분명히
나만의 별로 빛나고 있다는 걸

그래서 오늘도 고개 들어 하늘을 본다
그 사랑 하나 바라보며 나는 다시 걸어간다

님과 함께

비가 내려도,
바람이 불어도,
당신이 있는 곳은
늘 고요한 쉼이 됩니다

함께 걷는 길은
낯선 들판이어도
그대 손을 잡으면
익숙한 고향 같습니다

사랑은
멀리 있지 않다는 걸
그대와 나
매일의 걸음으로 배웁니다

당신의 향기

당신의 향기는
꽃잎처럼 살며시 피어나는
봄 향기

당신의 향기는
메마른 대지에 내리는
단비 같은 생명수

당신의 향기는
메마른 가슴에 스며드는
사랑의 꽃향기

웃음꽃

당신의 향기는
꽃잎처럼 살며시 다가오는
봄의 속삭임

당신의 향기는
꿀벌들을 춤추게 하는 꽃향기

당신의 향기는
굳게 닫힌 마음마저 열게 하는
웃음꽃

귀한 님

당신은 하늘이 보내신 천사처럼
고요히, 그러나 분명하게
내 안에 빛이 스며들었지요

그리하여 이제
당신은 나의 단 하나,
세상에서 가장 소중한 사랑입니다

"사랑해요."
이 말을 꺼내는 것조차 조심스러워
자꾸 미안해집니다.

그 누구도
나에게 관심을 주지 않았던 지난 시간들

나는 돛 없는 배처럼
희망도 방향도 없이
막막한 바다를 떠돌고 있었습니다

그런 내게
당신은 등대가 되었고,
따뜻한 바람이 되었고,
삶의 이유가 되어주었습니다

이제는
삶이 조금은 달콤하게 느껴집니다
아, 오직 당신만이
나의 시선 속에 머물러 있습니다

어쩌면 좋을까요
당신을 사랑할 수밖에 없어요

이별 앞에서

일주일간,
바람은 속삭임이 되어
내 귓가를 간지럽히고
조용히 내 곁에 머물렀다

잔잔한 파도는
내 마음을 조심스레 어루만지며
말없이 다가와 나를 감쌌고

어디서나 나를 받쳐주던 검은 돌들은
묵묵한 친구가 되어주었다

이 소중한 이들을 뒤로한 채 떠나려 하니
발걸음이 쉽게 떨어지지 않는다

만남이 있다면 이별도 있는 법,
자연의 이치라 하지만
가슴 한편은 아련하다

그래도
아름다운 추억을 글과 마음에 담고
다시 만날 날을 기약하며
나는 비행기에 몸을 실었다

사랑

사랑은
소리 없이 다가와
마음 한편에 머뭅니다

햇살이 풀잎에 머물 듯
아무 말 없이 머물다가
눈빛 하나에 피어나고
미소 하나에 물듭니다

사랑은
기다림 속에서도 자라며
지친 날들에도 위로가 됩니다

깊은 밤 창가에 앉은 달처럼
어두움을 비추고
아픈 마음을 조용히 안아줍니다

사랑은
내가 아니라
그대를 더 생각하게 하는 마음
말보다 눈물이 먼저 흐르는
그 깊은 자리입니다

따뜻한 눈빛 하나

청계천 맑은 물결 따라
외로이 떠다니는
수컷 청둥오리 한 마리

그 작고 고요한 등 위로
바람 한 줄기 스치고,
물빛은 말없이 그를 감싸 안는다

다른 오리들은
어김없이 짝을 이루어
물살을 나누건만
너는 어찌 아직도 홀로이냐

그 쓸쓸한 뒷모습에
나는 자꾸만 나를 겹쳐 본다

누군가를 기다리며
비우고 또 채웠던 마음
그 허기진 시간들이
너를 보며 다시 흐른다

안쓰럽구나
고요한 슬픔 속을
묵묵히 지나가는 너여

부디 너의 물길 끝엔
따뜻한 눈빛 하나 머물러
너를 꼭 안아주기를

젊음은 불꽃처럼

대한민국의 심장이
고동치며 숨 쉬는 거리, 명동

수많은 언어가 뒤섞여,
패션은 바람처럼 춤추고

새로운 문명은
빛처럼 피어난다

그 한복판,
젊음은 불꽃처럼 타오른다

눈빛은 생기로 반짝이고
걸음마다 자유가 묻어난다

그 뜨거운 물결 속으로
나도 조용히 젖어든다

당신은 안개꽃

당신은
안개꽃

대지의
기운

흑암 속
어둠에서

꽃을
피웠던가

해야 해야
뜨지 마라

우리 님
떠나간다

그리움 머무는 자리

사모하고 보고 싶은
그대의 향기를
시원한 바람으로 느끼며
조용히 눈을 감아 봅니다

보일 듯 말 듯,
잡힐 듯 말 듯,
저편에서 조용히
다가오는 당신은
안개에 가린 수채화

구름 속에 머물러 있는 당신을
바람을 타고 기다리는
사랑의 생명수

그대 눈동자

당신의 눈은
드넓은 바다 같습니다

고요하고 푸른 물결
잠잠히 나를 끌어당깁니다

그 속에 빠져들고 싶어요
무엇도 묻지 않는 평안
그저 머물 수 있는 곳

우수 어린 그 눈동자에
나는 천천히 스며들어

하루를 벗어 놓고
한 눈이 되어
잠시,
쉬고 싶어요

그대 눈 속에서

아름다운 너를

계양산 초입에
각가지 예쁜 색깔로 물든 장미꽃 동산

이제는 끝물이라
제대로 뽐도 못 내고
아쉬움에 고개를 숙이지만

저무는 빛 속에서도
은은히 퍼지는 너의 향기

피고 지고 또 피는 송이송이 어여쁘고
아름다운 너를
사랑하는 님에게
살며시 전하고 싶구나

그대

그대의 활짝 핀 미소에
아름다운 장미꽃이 보입니다

그대의 따뜻한 눈길에
잔잔한 호수가 보입니다

그대의 눈방울에는
에메랄드빛 바다가 보입니다

그대의 숨결에
귀여운 아가의 모습이 보입니다

당신은 내 인생의 결정체

나의 인생,
가장 찬란한 결정체는
당신을 처음 만난 순간입니다

아, 이 세상에서
천사를 만난 그 기쁨은
어떤 말로도 다 담을 수 없는 감정

말로 형언할 수 없고
표현할 길도 없는 마음

그래서 조용히,
그러나 깊이 고백합니다

그 마음,
변함없습니다

당신을 향한 이 뜨거운 마음은
내 삶의 활력이며
기쁨의 샘입니다

바로 당신이
내 인생을
살맛나게 해주는
삶의 원천입니다

당신은 웃음꽃

무더위 속에서도
나를 향해
미소의 꽃을 피우는 그대여

계절이 바뀌어도
그대의 웃음은 시들지 않는 꽃
더위도, 추위도
그대를 꺾지 못하고

한결같은 자리에서
나를 향하여
사랑의 노래를 피워내는
영원한 웃음꽃, 당신

그 눈에 머물다

당신의 눈 속으로
조용히 빠져들고 싶은
이 마음은 왜일까요

밤하늘 가득 쏟아지는
은하수의 빛처럼
눈부시고 아련한 그 눈동자

어딘가 슬픔을 머금은 듯
우수에 젖은 그 눈빛 때문일까요

내 마음을 조용히 끌어당기는
블랙홀 같은 눈동자
벗어날 수 없어 더 빠져드는
그 깊이와 넓은

당신의 눈동자는
나의 모든 감정을 따뜻하게 감싸 안아주는
태평양 같은 넉넉한 품이기에

나는 오늘도
당신의 눈에 머물고 싶습니다

당신을 기다리며

당신은 문득문득
따뜻한 온기를 전하는 사랑
그러니 내 마음이 넘쳐도
때로는 머물 수 있는 거겠지요

나는 소풍 가는 아이처럼
두근두근 당신을 기다립니다

당신과 눈 마주치면
내 인생에 고운 발자국 하나 새긴
소중한 하루입니다

당신을 기다리는 하루가 천 년 같고,
당신을 만나는 그날은 별빛처럼 다가오겠지요

기다림 속에 피어나는 이 사랑을 안고
오늘도 당신을 그립니다

그대는 아침 햇살

아침 햇살 같은 해맑은 그대여
이른 새벽, 아직 아침이 오지 않았건만
그대의 눈빛에서 햇살은 먼저 피어납니다

나는 밤을 건너며 기다립니다
구름 한 점 없는 맑은 하늘을,
그대의 미소로 물들일 아침을,

잠 못 이루는 날들이 많았지만,
햇살보다 눈부신 그대의 웃음에
내 마음은 벌써 환해졌습니다

당신의 얼굴에서 퍼지는 그 빛,
세상의 어느 햇살보다
더 고귀하고 아름다워요

새벽에 피는 꽃

사랑은 늘,
새벽에 피어나는 꽃처럼
조용히 시작되었죠

당신은 감정 없는 장미처럼
겉모습은 고요했지만,

그 속엔
안개꽃 같은 떨림이 있었어요

새벽이 아니면 볼 수 없는 그 사랑

그대는
새벽에 피는 안개꽃

별처럼 머무는 그대

당신은
나만 바라보라 속삭이는
저 먼 하늘의 별 하나
말없이 반짝이네요

무심히 반짝이는
별처럼 멀고도 아득하게 빛나네

가까이 다가설수록
조용히 등을 돌리는 바람처럼

계절 따라 흔들리는
들랑날랑한 하늘처럼

당신도 감정에 휩쓸려
머무르지 못하고 떠도네요

그토록 빛나던 그대
정녕 그 반짝임은
영원할 수 있을까요

2부

제주의 숨결

탐라, 검은 제국

여긴 검은 돌들의 세상
바람도, 시간도
돌 위를 걷는다

돌은 집이 되고,
담장이 되고,
길이 되고,
성을 쌓는다

돌항아리엔
물이 담기고
기억이 출렁인다

이곳은
우리만의
검은 돌들의 제국

검은 섬의 노래

돌은 말이 없다
하지만 오래전부터
모든 것을 기억한다

달빛은
검은 성벽 위에 머물다
천천히 무너지고

바다는
돌담 사이로 스며들어
잠든 길을 적신다

돌항아리엔
물이 아니라
잠 못 든 별 하나가 담겨 있다

여기는
말 없는 왕국
검은 돌들의 밤

해변의 파수꾼

해변에 서면
너도 돌, 나도 돌,
온통 검은 돌들의 세상

묵묵히
바다를 마주한 채
그 자리 그대로

파도는 쉼 없이 밀려와
해변을 넘보지만,
돌들은 꿈쩍도 하지 않는다

천년을, 또 만년을
말없이 해변을 지키는
검은 돌들

용두암 인어공주

제주 용두암 근처에 서 있는 인어공주 상
깊은 바다에서 육지로 올라온 그녀는
왕자를 만나기 위해 오늘도 기다리고 있습니다

작년에도 그 자리에 있었지요
아직까지도 변함없이
묵묵히 그 자리를 지키고 있네요

이곳은 검은 현무암 돌들로 이루어진 세계
하지만 그녀가 기다리는
검은 왕자는 아직 보이지 않습니다

그래서일까요,
그녀를 위해
검은 왕자를 만들어 주어야 할지도 모르겠습니다

오늘은 용두암에
그녀의 간절한 기별을
살며시 전해봅니다

제주 천지연 폭포

제주는
하늘의 기운과
바다의 숨결을 머금고

기암절벽을 타고
떨어지는
힘찬 생기

사시사철,
눈길을 사로잡는 폭포수는
숨결처럼 고요하고 힘차다

천혜의 절경,
그 이름 천지연

제주 외돌개

외로이 바다에 서서,
비바람과 폭풍 속에서도
당당히 맞서는 것은
누구를 위한 사랑의 힘인가

그대는 누구를 기다리는가

천년, 만 년도
하루처럼 견뎌낸 기다림은
이제 전설로만 남게 되었구나

광복 80주년 빛의 날에

그날,
하늘은 푸르게 열리고
온 강산은 함성으로 뒤흔들렸다

1945년 8월 15일,
짓밟힌 국토 위로
자유의 햇살이 쏟아졌고
삼천리 강산은 다시 숨을 쉬었다

1948년 8월 15일,
우리는 마침내
'자유대한민국'이라는 이름으로
당당히 서서 첫 발을 내디뎠다

역사를 잊는 자,
미래를 잃으리라
우리는 그날의 눈물과 함성을
심장 속 깊이 품는다.

한 마음, 한 뜻으로
국권을 지키고
자유와 평화를 가꾸어

이 나라를 세계 속에 우뚝 세우리라

자손만대에 이르기까지
자유대한민국은
빛으로, 바람으로, 별빛처럼
영원하리라

자유대한민국 만세!

성산 앞바다

해무가 고요히 감싼
이른 아침 바다

바람 따라 밀려오는 파도는
숨을 고르듯
천천히 마음을 두드린다

소금기 어린 바다 내음은
잠든 듯한 내 마음을 어루만지고

나는 어느새
넉넉한 바다 품에 기대어
조용히 눈을 감는다

천혜의 고향, 제주

깊은 바다 품에서
불쑥 솟아오른 검은 섬

검은 돌이 깔린 세상,
돌이 노래하며 거센 바람이 노래하는 세상,
푸른 바다가 감싸 안은 세상,
외풍 그리고 사시사철 푸르름을 품은 곳

옛적을 안고 삶의 애환이 바람에 실려
조용히 스며드는 땅

이제는 누구나 꿈꾸는
대한민국의 보석,
천혜의 자연이 살아 숨 쉬는 관광의 명소,
화산섬 제주도

해풍

바다의 바람이
나뭇잎 사이를 지나
내 어깨 위에
조용히 내려앉는다

말 없는 바람인데,
그 안에 무언가 가득 담겨 있다

그것은,
지나온 계절의 숨결
혹은 기억 속 눈빛

바람이 머물던 자리에
나는 한참을 멈춰 선다

제주의 숨결

잔잔한 파도 위로
소리 내며 밀려오는 바람

그 바람은 내 마음 깊은 곳까지 적시고

잠든 마음을 깨우는
고요한 파도 소리

하늘의 해님은 따스한 미소를 머금고
나를 비추고

시원한 바닷바람은
제주의 숨결을 타고
내 안에 스친다

바다의 숨소리

바다는
태초부터 삶을 안고
쉼 없이 숨을 쉰다

넘실넘실,
출렁이며 춤추는 파도

때로는 지쳐
크게 들이쉬는
긴 숨결

그 소리,
파도의 숨소리

파도 그리고 바람

파도는
바람을 실어 오는가?

바람은
파도를 몰아오는가?

서로가 서로를 살리며,
세상 한가운데에서
아름다운 삶과 숨결을 지켜낸다

자연은
우리를 위해
아무 말 없이
일하고 있다

희망의 파도

끝없이 밀려오는 파도는
조용한 육지를 넘본다

수없이 부서지고
물거품이 되어도
그 꿈을 멈추지 않는다

지금은 닿을 수 없을지라도
다시, 또 다시
희망을 실어 달려간다

사라짐 속에도 담긴 의지,
파도는 말없이 속삭인다
포기하지 마라
내일은 더 가까이 다가갈 테니

바람은 내 마음처럼

산야가 푸른 꿈을 품었으니
이제는 너의 이름을 속삭였다

주룩주룩 내리는 봄비에
잊은 줄 알았던 기억이 젖는다

잎사귀 위로 흐르는 그리움
꽃은 피고,
별은 스치듯 날아가고,

햇살은 잠시 머물다 가고,
바람은 내 마음처럼
너를 지나간다

모든 게 푸르러질수록
나는 여름 속으로
조금씩, 너를 따라
질주하고 있다

파도처럼

끝없이 다가오는 파도는
조용한 육지를 꿈꾼다

닿을 수 없는 그 경계에
몸을 던지며 부딪치고

이내 하얗게 부서져
물거품이 되어 사라진다

그러나 파도는 안다
사라짐이 끝이 아니라는 것을

다시 밀려올 운명을 따라
또다시,
달려간다

여름을 마주한다

푸른 꿈을 담은 산야가
봄비에 젖는다

주룩주룩,
그리움처럼 내리는 빗줄기

잎새마다
초록이 번져간다

꽃은 고개를 들고,
벌은 노래를 부른다

햇살은 살며시 웃고,
바람은 가볍게 춤춘다

봄의 끝자락에서
나는 문득
여름을 마주한다

찜통 무더위

하늘에서, 땅에서,
쉼 없이 끓어오르는 열기

겨울의 추위는
옷을 껴입으면 견디지만
찜통 더위는
벗어도 벗어도 피할 수 없구나

이 고통은 단지 계절의 문제가 아니다
탐욕과 무분별한 개발이
자연의 숨을 막아버린 결과

하나님이 우리에게 맡기신 이 땅,
우리는 '다스리라'는 말씀을
지배로 착각했고
지혜 없이 남용한 문명은
이제 우리를 심판한다

자연은 신음하고 있고
우리는 그 탄식을 듣지 못한 채
끝없는 소비의 길을 달렸다

우리는 이제야
공존의 지혜를 배워야 하고
우리와 자손들이
이 땅에서 조화롭게 살아가는
존재임을 깨달아야 한다

창조의 여름 찬가

뜨겁고 무더운 계절,
그러나 주님께서 지으신
싱그러운 여름을
노래하는 매미 소리

작년에도 들었거늘,
올해도 어김없이 찾아오는
자연의 정겨운 하모니는
창조주 하나님의 숨결이요,
그분의 신실하심의 증거라

그 소리에 귀 기울이며
풍성히 익어가는 여름 들녘 속에
우리의 삶도 익어가고
감사와 기쁨으로
주님 안에서 노래하네
이 계절의 은혜를

여름이 피어나다

맑은 햇살이 창을 넘어
창밖의 풀잎을 깨운다
꽃잎은 조용히 웃으며

바람은 숨죽인 채,
첫울음을 터트리는 새에게
고요한 노래를 건네고

여름이 피어나는 아침,
그 안에 나도 천천히 깨어난다

여름의 길목에서

여름을 향해 가는 길목,
보슬보슬 비가 내린다
차창 너머 흐릿한 풍경에
내 마음도 스며든다

전철에 몸을 기대고
서울로 향한다
생활의 전선을 내려놓으니,
불러주는 곳도 많고
가야 할 곳도 많다

'남은 인생은 즐겁게 살아야지'
스스로 다짐해보지만,
삶은 나를 가만두지 않는다
자꾸만 새로운 일이 생기고
멈출 틈 없이 바쁘다

가끔은 그립다
아무 생각 없이
오직 한 길만을 향해
몰두하던 그 시절이

무언가에 푹 빠져
세상을 잊고 지내던 시간들

그때가 좋았지
단순하고 조용해서,
그래서 더 빛났던 순간들

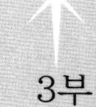

3부

도심 속 풍경

존재의 몸짓

계절은 흐르고,
매미의 울음도, 잠자리의 비행도,
시간이 흐름에 순응하는
존재의 몸짓이다

햇빛은 더욱 강해지고
열매는 침묵 속에서
성장과 완성을 향해 나아간다

만물은 제자리에서
말없이 존재의 이유를 드러낸다

소임을 다하는 자연의 법칙,
그 안에서 인간 또한 배워야 할
질서와 겸손이 있다

조화는 우연이 아니요
그 자체로 이 세계의
깊은 철학이 담긴 메시지라

청둥오리 한 가족

아기오리 여섯 마리, 귀엽게
어미 따라 청계천 물방석 위에 앉아

조용한 물결 따라
하늘빛을 품고 흐르는데
수컷 아빠는
보이지 않는다

모성은
사람도,
조류도,
모두에게 주어진 본성

끊이지 않고 이어지는
이 생명의 맥박
지구는 오늘도
그 역사를 조용히 피워낸다

이 얼마나 위대한 창조의 흔적인가
이 창조자의 역사는 영원하여라

지하철

쇠줄 따라 움직이는 세상

누군가는 출근,
누군가는 지각,
누군가는 귀가,
누군가는 이별,
누군가는 여행길

침묵 속 흔들리는 차창에
서로 다른 하루가 비친다

나는 창가에 기대어
잠시 생각의 깊이를 잰다

중랑천의 저녁

해도 서산에 내려앉고
빛을 잃은 만물도
피곤함을 내려놓은 채
고요히 쉬는데
중랑천, 물고기들도 조용히 잠을 자겠지

둘레길을 환하게 비추는
가로수 길
저녁을 잃은 발길들은
밤을 깨우며 걷는다

'건강이 제일이라네' 하며, 깨끗한 공기와
시원하게 스치는 바람을 머금고
즐겁게 산책하는 사람들

청계천

도심 한가운데
말없이 흐르는 청계천

인공이라 해도
그 물길엔 숨결이 살아 있다

물결 위로 햇살이 춤추고
철새들이 고요히 날아와
깃을 고르며 유영한다

물길을 거슬러 오른 물고기들,
잊었던 고향의 냄새를 따라
다시 이곳에 깃든다

숨을 고르듯
천천히 걷는 이의 발끝마다
고즈넉한 정취가 피어나고
바람은 마음 깊은 곳을 스친다

도시는 아직 분주하지만
이 길 위엔 또 다른 시간이 흐른다

깨어 있는 고요,
움직이는 명상,
청계천은 지금,
살아 있는 생명의 세계다

조용히 빠져든다

파도가 해변에 다가와
하얗게 부서진다

그 소리는
나의 내면도 하얗게 두드리는
고요한 진동

한 줄기 빛처럼
천상에서 내려와
아름다움 속삭임인가

나는 그 소리에
조용히,
빠져든다

문명의 역설과 생존

문명은 인간에게 편리함을 주었지만
그 대가는 자연의 파괴였다
불편을 제거하고자 만든 기술이
결국 불안을 초래하고 있다

인간은 자연을 정복의 대상으로 삼았고
조화를 깨뜨리는 순간
그 자신도 생존을 위협받게 되었다

자연은 단지 배경이 아니라
우리 존재의 일부였음을,
지금에서야 절실히 깨닫고 있다

늦었지만 이제는 되돌아보아야 한다
인간 중심의 사고에서 벗어나
생명 중심의 사유로 나아갈 때,
비로소 진정한 문명의 방향이 보일 것이다

도심 속 자연

무더운 날씨에도
지구는 묵묵히 돌고
해는 말없이 서산에 앉는다

청계천 가 매미 소리,
저녁을 부르는 노래가 정겹게 들리고
비둘기들 분주한 날개로
하루의 끝을 준비한다

물속에 물고기들
잠잠히 어둠을 준비하고
변함없이 흐르는 냇물 소리
그 물결에 실려 오는 평안함

한적한 산책길을 걷는 이 발걸음 속에
푸른 시골의 정취가 피어난다
도심 속 자연, 그 이름 청계천

비 오는 날, 서울 바람에 젖다

찜통 같은 무더위 속,
불현듯 스며든 신선한 바람 한 줄기
그 위로 고요히 내려앉는 여름비

우산 속 발걸음들은
비에 젖지 않으려 피하지 않고
느긋이 서울의 바람을 걷는다

익숙한 골목 끝
고요히 숨 쉬는 작은 카페
문을 열자 진한 커피 향이 나를 포근히 안는다

테이블마다 피어나는
사람들의 이야기꽃

그 웃음과 속삭임 사이로
나도 한 모금 커피에 마음을 녹이며
나만의 이야기 속으로 천천히 젖어든다

익숙함 속에서

오늘도
익숙한 카페에 앉는다

잔잔히 퍼지는 커피 향 속에서
너를 떠올린다

이 향이 내 몸에 스며들기를 바라며
조심스레 한 모금,
입술에 닿는다

향은 좋은데
잠은 멀어지고
조금은 어색한 이 감정도
커피처럼 익숙해질까

너와 나,
누가 먼저 마음을 놓을까

오늘도 커피에 기대어
조용히 도전해 본다

숨결이 스며 든다

매미들 제때를 아는지
슬피 울음 터트리고

가을을 손짓하는 잠자리들
하늘 위로 맴돌며
조용히 계절을 깨운다

햇살은 더욱 따갑게
대지를 찌르고
열매들은 말없이
익어가는 중이다

무더위 한가운데서도
만물은 제자리에서
묵묵히 소임을 다하니

이 모든 조화는
말없는 시처럼
창조주의 숨결이 스며 든다

장마, 그 쉼표 같은 시간

이제는 해마다 찾아오는
기나긴 장마,
비는 조용히 내려
땅을 적시고
기억을 깨웁니다

불편하고
때론 피해도 주지만
이 또한 순환하는
자연의 법칙이라,
마음으로 받아들입니다

장마철은
노가다, 대마지
손 놓고 쉴 수밖에 없는 시간

나 역시
사임 후 우울증 치료를 위해
막일 노가다를 2년 동안 했던 일이
아련히 떠오른다

돈도 주고, 밥도 주고
몸은 고됐지만
어느샌가 웃고 있었던
그 시절,
참 아련히 다가옵니다

지금도 빗속에서
일을 멈춘 이들,
부디 이번 장마는
잠시 내린 쉼표라 여기며

빈대떡에 막걸리 한 잔,
그리움과 함께 시름을 적시며
내일을 위해 편히 쉬시는
장마철이 되기를 바랍니다

은혜의 빗속을 걷다

찜통 같은 무더위 속에도
주께서 보내신 바람 한 줄기,
내 영혼 깊숙이 스며들고
하늘에서 내리는 고요한 은혜의 비,
내 마음을 적십니다

우산 속 발걸음마다
주님의 평안을 담고,
작은 쉼터 같은 카페 안에서
커피 향기마저 주께서 주신 안식 같아
조용히 감사를 올립니다

사람들의 이야기꽃 속에
삶의 무게도, 기쁨도, 눈물도 들리고
나 또한 그 향기로운 말씀에 젖어
내 삶의 이야기를 풀어놓습니다

주 안에

주께서 보내신 그대여,
당신을 만나고
새 인생의 길이 열렸습니다

기쁨과 평안에 젖으며
이전의 삶이 허무하게 느껴지는 건
주님의 은혜가 임했기 때문이겠지요

당신은
하늘에서 내려온 기쁨이요,
나의 믿음을 더욱 견고히 하는
주님의 선물이라오

당신이 다시
하늘로 날아가지 않게
그 날개옷을
십자가 아래 감추고,

그 마음을
사랑으로 품으며
주님 안에서
변치 않는 사랑을 드리고 싶습니다

가을의 서곡

따뜻한 햇볕과
살결을 스치는 시원한 바람결

코끝에는 익어가는
가을의 풍성한 향기

드높은 하늘엔
얇은 구름이 길게 늘어서고

풀속에 귀뚜라미
가을의 서곡을 부른다

저 앞에서
가을이 황금빛 치마자락을 펄럭이며
나를 향해 손짓하겠지

아들은 관종이었다

나보고 관종이라고들 하지만, 사실 우리 아들이 더했다.
중학교 시절, 교복을 줄여 입고 3학년 때는 머리를 길러 담임선생님과 규율부장 선생님 눈 밖에 나 있던 아들. 두 분 모두 '쟤만 잡으면 된다'며 아들을 집중 관리하셨다.

아들이 나에게 '선생님이 졸업식 날 최우수상장을 다른 학생을 단상에 세워서 준다고 협박해서 장발을 자르게 하려 했다'고 했지만 아들은 끝까지 머리를 자르지 않았다.
졸업식 날, 담임선생님이 머리 때문에 아들을 많이 괴롭혔다고 나에게 말을 했었는데 고등학교에 올라가서는 스스로 머리를 제일 짧게 잘랐고, 신촌 연세대에 들어가서는 호날두 머리와 한쪽 염색을 잠시 했지만 4년간 장학금 받으며 졸업했다.

그 시절, 나는 아들의 '관종스러움'을 사춘기의 표현 방식이라 여기고 크게 신경 쓰지 않았다.
시간이 흐른 지금, 그 관종 기질 속엔 스스로를 사랑하고 무엇이든 성실하게 해내는 책임감으로 미국에서 인공지능 개발자로 성공 가도를 달리고 있다.

지금도 아들에겐 그런 기질이 조금 남아 있지만, 나는 그것을 자존감의 다른 이름이라 믿는다.
그래서 나는 오늘도 아들을 기쁘게 응원하며 기도한다.

딸이 말했다

"아빠는 관종이야"
그 말에 웃음이 났다
"그래, 맞아"

나는 내 안에 있는 끼를 감추며 살았다
목회라는 틀 안에
나를 가두어 두었지

하지만 이제는 안다
자유로운 영혼으로,
나도 누군가의 관심 속에
내 이야기를 꺼내고 싶었다는 것을

내가 얼마나 더 오래
활발하게 활동하며 살겠는가
가슴속에 남은 노래를
그저 품고만 살 수는 없지

나이와 상관없이
내가 하고픈 것,
내가 느끼는 것들을

하나씩 꺼내어
빛처럼, 바람처럼
세상에 흘려보내고 싶다

남의 시선은
이제 무겁지 않다
내 안의 열정과 기쁨이
나를 다시 춤추게 한다

내 삶은 지금부터다
늦지 않았다
지금부터라도
나답게 살아보려 한다

몸둘 바를 모르겠던 날

재작년 어느 날이었습니다.
딸과 사위, 손자, 손녀 그리고 아내와 함께 서울 어느 지하철에서 전철을 기다리고 있었습니다.

그때였어요.
어떤 중년의 여사분께서 우리를 바라보시더니 이렇게 물으셨습니다.

"한 가족이세요?"

"네, 그렇습니다." 하고 대답하자 그분은 미소 지으며 말하셨습니다.

"와, 대한민국의 대표로 멋있고 훌륭한 가족이네요."

그 말을 듣고는 괜스레 가슴이 따뜻해졌습니다.
생각해보니 딸은 예쁘고, 사위는 키도 크고 반듯하게 잘생겼고, 손자는 인물 좋고, 손녀는 귀엽고 사랑스러우며, 와이프도 예쁘고 나는 뭐 그렇다 치고... 무엇보다 다복한 가정같이 보여서 그렇겠지요.

그날 그 말 한마디가 오래도록 마음에 남았습니다.
세상이 참 각박하다 해도 이런 정겨운 말 한마디가 사람 마음을 환히 밝힐 수 있다는 걸 느낀 하루였습니다.

그저 감사했고, 둘 바를 모르겠더군요.

아내 바보라는 유전자

 딸이 어느 날 웃으며 이야기했다.
 손자의 친구 어머니를 길에서 만났는데, 그분이 딸과 사위가 손을 잡고 걷는 모습을 보고는 "어머, 뭐야" 하며 신기해하더란다.
 자기 남편과 함께 쳐다보며 부러운 눈길로 바라보았다고.

 딸 부부를 잘 모르니 그런 반응이었겠지.
 하지만 우리 사위는 원래 그렇다.
 딸 바보 아니, 아내 바보다.
 그런데 이게 참 재미있는 게, 그 집안에는 그런 유전자가 흐른다. 할아버지도 아버지도 그리고 지금의 사위까지, 한결같이 아내에게 잘하고 함께 있는 걸 가장 큰 기쁨으로 여긴다.

 딸 역시 말한다.
 사위가 가끔 야간 근무를 할 때면 마음이 허전하다고.
 돈보다 시간보다 남편과 함께 있는 게 더 소중하다고.
 나는 참 다행이라는 생각이 든다.
 이 시대에 보기 드문 부부의 모습이 바로 내 딸과 사위의 삶에 있다는 게 얼마나 감사한 일인가

비둘기처럼 나란히 걷는 두 사람,
서로를 바라보며 웃고 서로를 존중하며 사는 부부.

그 모습이 오래오래 변치 않기를 바란다.
사랑이 일상이 되는 삶,
그 평범한 기적이 이들 부부에게 계속되기를.

아저씨라 불리는 나

전철 노약자석에 앉아 책을 읽고 있었다.
건너편에 나보다 나이가 많아 보이는 두 여자분이 나를 흘깃거리며 이야기를 나눈다.
그들의 시선에서 느껴지는 의미는 분명했다.
'젊은 사람이 왜 노약자석에 앉아 있지?'

문득 광수생각인가? 하지만 나도 이제 시니어다.
몸이 불편한 분이 계시면 언제든 자리를 양보할 마음도 있고 실제로 그래왔다. 그런데도 괜히 미안한 마음이 드는 건 왜일까?

가만히 생각해보니, 내 옷차림 때문일지도 모르겠다.
청바지에 쫄티, 운동으로 다져진 몸.
사람들은 가끔 '몸짱'이라고도 말한다. 내 안의 나이는 늘어도 겉모습은 아직 젊은 티가 나나 보다.

예전에는 '아버님'이라는 소리를 듣곤 했는데 요즘은 '아저씨' 소리가 들려온다.

묘하게 기분이 좋다.
아저씨라 불리는 그 경계의 나이에 서 있는 지금,
어쩐지 세월과 친해지고 있는 느낌이다.

4부

존재의 향기

나를 잠시 놓아본다

우뚝 선 성산
그리고 저 멀리 펼쳐진 바다

그 풍경을 마주한 작은 카페에서
나 혼자, 잠시 쉬어간다

바다 내음이 스며들고
진한 커피 향이 마음을 감싼다

인생은 혼자 왔고
또 혼자 가는 길

그래서일까
고독과 외로움마저
이 순간엔 조용히 스며든다

바다 향기 속에
커피 향 속에
나를 잠시 놓아본다

꽃은 피고 지고

또 다른 꽃들이 피어날 준비를 한다

아직 피어나지 않은 꽃향기
곧 피어날 그 설렘

아름다운 꽃들로 가득한 세상

그 속에 너희들이 있어서
삭막했던 마음들이
조금씩 여유롭고
사랑 가득한 마음으로 피어나기 시작한다

우리의 삶도 관계도
꽃처럼 그렇게 이어지기를
피고 또 피어나는 따뜻한 계절처럼

물방울 하나

하늘은 꾸물꾸물
구름은 자꾸만 낮게 내려와
보리밭 쉼터를 만진다

비가 올까 말까
잠깐 우산을 펴다 접고
긴 숨을 들이쉬다 내쉰다

물 위에 앉은 청둥오리 깃털이
미세한 바람결에 흔들릴 때
작은 물방울 하나
떨어진다

사람도 새도 냇가도
모두 조용히
그 시작을 받아낸다

오늘도 중랑천은
아무 말 없이 흐른다

세월은 바람 같고

어제가 막 새해 같았는데
눈 깜빡할 새 6월의 햇살 아래 서 있네
흘러가는 세월은 바람 같고
인생의 골목 어귀엔 어느새 무상함이 피어나네

시계는 쉼 없이 돌고
시간은 등을 보이며 멀어져 가고
내 마음은 그 뒤를 조용히 따라가네

누군가에겐 더디 가는 시간
누군가에겐 너무도 빠른 흐름이지만
결국 시간은 누구에게나 같은 리듬으로 노래하겠지

나는 이제
시간이라는 강물 위를 함께 흐르는
작은 종이배 하나일 뿐이네

자연은 계절 따라

뽕나무 오디가
한창 무르익어
땅 위로 뚝뚝 떨어진다

비둘기들
우연히 차려진 밥상처럼
오디 곁에 모여들어
느긋이 식사를 한다
참 한가롭다

자연은 계절 따라
순하게 흐르고
그 안에 깃든
아름다운 조화

그 속에 살아가는
모든 피조물들
삶에 딱 맞춘
절묘한 조화 속에
존재한다는 걸
어찌 부인할 수 있으랴

이것은 창조자의 계획 속에 자연의
질서 안에서 숨 쉬고
살아가는 모든 생명들

삼라만상의 아름다움과
신비의극치로다

숨과 감사

죽었느냐 살아 있느냐의
가장 단순한 대답은
숨을 쉬느냐 쉬지 않느냐

그토록 단순하고도
깊은 질문 앞에서
나는 오늘도
아무 생각 없이
숨을 쉽니다

'숨을 쉬어야지'
작정한 적도 없는데
내 안에서 바람이 오가고
생명이 조용히 노래합니다

그 신비로움 앞에
감사할 줄 아는 사람은
많지 않습니다

이 모든 것이
저절로 된 것이 아니라는 것

그러니 이 호흡조차
은혜가 아니고 무엇이랴

살아 있음에
또 숨 쉬고 있음에
주님, 오늘도 감사를 드립니다

숨 고르듯

만물이 더위에 지쳐
조용히 내려앉는 시간

햇살이 물러가고
노을빛이 서서히 사라지는 저녁

공원 불빛만이
쓸쓸한 벤치를 비추고

한낮의 소란은 지나가고
잠잠해진 거리엔

네온사인은 손짓하지만
온데간데없이 사라진다

'하루'라는 무거운
인생의 짐을 벗어 놓고

숨 고르듯
안식으로 스며드는 여름 저녁

고요한 불빛만이
그 자리를 지키고 있구나

숨을 고른다

하늘에서 뜨거운 사랑이
조용히 내려온다

대지는 숨결을 멈추고
하늘의 은혜를 고요히 받아들이고 있다

사랑을 머금은 친구들
숨을 쉬듯 신이 나
싱그럽게 웃는다

익어가는 시간,
풍성해질 계절

가을이라는 결실을 품고
떠나는 여름은
지금, 한 번 더
숨을 고른다

첫 경험

첫 출발,
첫 인상,
그리고 첫 경험

인생이란 여정 속
첫 걸음은
삶의 방향을 정하는 나침반

좋은 첫 인상에 이끌려
사람은 사랑에 빠지고
결혼을 결심하기도 하지

그래서
첫 경험은 중요하다

내가 말하고 싶은
첫 경험은
바로 커피

무더위 속에서도
차가운 것보다
따뜻한 커피가 좋았다

처음의 그 따뜻하게
퍼지는 향이
지금도 내게 남아
습관이 되었다

그래서 나는 말한다
첫 경험은,
참 중요한 것이라고

새싹의 숨결

아침 햇살이
차가운 겨울의 그림자를 밀어내고
연둣빛 숨결이 땅속에서 피어난다

청계천 물결 위
청둥오리의 날갯짓이
봄의 첫 장을 연다

꽃망울은 조심스레 고개를 들고
하늘은 부드러운 바람으로
새로운 계절을 부른다

꿈을 꾸네

뿌옇게 비안개 내려앉은 산야
젖은 흙 향기가 골짜기마다 스며든다
물을 머금은 대지는
황금빛 가을을 품은 채
조용히 숨을 고른다

시원한 비바람에
물러나는 무더위는
낙엽처럼 고개를 떨구고
마지막 여름의 온기는
풀벌레 울음 속에 녹아든다

가을 남자는
그 고요 속에 발걸음을 멈추고
꿈결처럼 번지는 들녘을 바라본다
그의 마음에도
아주 오래된 가을이
살며시 깃든다

한 끼, 삶 한 조각

친구와 마주 앉은 테이블
닭 한 마리 처음이라는 그
국물을 한 숟갈 들이키고
"와, 이게 뭐야?
닭고기, 이렇게 순수할 수 있나"

담백한 맛에
우린 조용히 수저만 움직였다
말보다 빠르게 사라지는
닭고기의 세계

식사 후 황실쌍화차 한 잔
인삼, 제주모치떡, 꿀까지
전통이 담긴 따뜻한 그릇
친구는 웃으며
"이거, 한 끼 식사네"

편리한 도시의 시간은
흐르지 않고 스며드는 것 같았다

이 모든 인프라,
이 모든 디테일,
살아본 사람만 아는
서울이라는 생활의 미학

오늘도 우린
닭고기 국물 속에서
자부심을 씹고
쌍화차 향기 속에서
우리나라를 한 모금 마셨다

시간의 법칙

불과 어제가 신년 같았건만,
어느덧 절반의 시간이 지나
7월이 이르렀다

세월은 언제나 무심하며
그 무상함 앞에 인생은 겸허해진다
나이를 더할수록
그 무상함은 실감으로 다가온다

시간은 누구에게나 공평하다고들 하지만
체감하는 속도는 각자의 삶의 무게에 따라 달라진다
그러나 결국,
우리는 시간의 법칙 아래 같은 궤도를 돈다

시간은 우리를 데려가고
우리는 그 흐름 속에서 의미를 찾는다

어쩌겠는가,
우리는 시간과 더불어 살아가는 존재
그 자체로 시간 일부이니

비상한다

구름을 뚫고
푸른 하늘을 향해 비상한다

이 또한,
인류가 꿈꾸어 만든 기적

작은 날갯짓은
이제 우주를 향해 날아오르는
찬란한 우주선이 되었고

끝없이 펼쳐지는 과학의 문명은
우리 삶에 새로운 길을 열어준다

한때 자연의 아픔을 몰랐던 우리가
그들의 몸부림에 이제는 귀 기울이며
함께 살아갈 방법을 찾아야 된다

과학도,
자연도,
사람도 함께 웃는 내일을 위해

우리는 오늘도 하늘을 넘어
더 멀리, 더 깊이
희망을 향해 날아간다

바라보는 자

당신만 바라보라는
그 말은 곧
존재 이유이기도 하다

삶의 흐름과 햇살 아래서도
언제나 그 자리에 선다는 것은
시간을 견디는 의지이고,
자아의 중심을 지키는 일

잠들 때만 눈을 감고
그 외의 모든 순간
나는 당신을 향해 선다

내가 누구인가를 묻는다면
나는 바라보는 자,
나는 그대 향한 해바라기

그리움과 생각으로
당신을 향해 서 있는 나,
그 자체가 나의 삶이다

존재의 이유

짧은 삶을 살면서도
매미는 제 역할을 다한다

그 소리는 존재의 이유를
잠시라도 흔들림 없이 외친다

무더위도 땡볕도
그 존재를 멈추게 하지 못하며

인간은 불편함 속에서도
변화를 바라고 견디며 나아간다

이것이 존재와 시간,
인내와 의미의 순환이다

자연의 진노 앞에

푹푹 찌는 이 폭염,
누가 만든 것일까

인간의 욕심이 켜켜이 쌓여
자연의 숨통을 조여왔네

편리함과 풍요를 위해
문명은 나아갔지만
그 그림자 아래
숲이 사라지고 강이 메말랐지

피조물은 자연과 함께 살아야 하는 법
그러나 우리는 등을 돌리고
길을 거슬러 달려왔네

이제는 돌이킬 수 없는 지경,
지구는 몸부림치며 울부짖는다

늦었지만,
함께 살아갈 길을 찾아야 하리
자연의 숨결을 다시 들으며

내 영혼의 햇살

당신을 만나고
인생의 맛은 다시 익어갑니다

기쁨과 행복이 물들고,
그 속에서 문득
'지금껏 나는 무엇을 살아왔는가' 하는
물비린 질문이 스쳐갑니다

당신은 천상의 기쁨이요,
내 영혼에 햇살을 주는 예쁨이요,
하늘이 내려준 나의 천사라오

혹여 날아가지 않도록
당신의 날개옷을 몰래 감추고,

그 마음을 내 안에
사랑으로 곱게 가두어
온전히 그대를 사랑하고 싶소

존재의 일관성

지구의 회전을 멈추게 하진 못한다
해는 어김없이 서산으로 기울고
시간은 묵묵히 흐른다

청계천 가에선 매미들이
자연의 질서에 따라
저녁의 서정을 울려 퍼뜨리고

비둘기들은 생존의 본능 속에
하루의 끝자락을 부지런히 준비한다

냇물의 흐름 또한
존재의 일관성을 보여주며
변함없이 소리를 내고 있다

그 물소리 속에서
나는 자연의 조용한 이치를 느끼고
한적한 산책길 위에서
문명과 자연 사이의 균형
삶의 본질을 돌아보게 된다

시간의 이름으로

시간은 누구에게나
조용히 문을 두드린다

한 줌의 생,
그 속에 담긴 조물주의 사랑

한 번 왔다 가는 인생,
그 기회는 오직 인간에게만 주어진 축복
이 비밀을 아는 자
진리의 문을 여는 자

흐르는 강물처럼
자연 속에 숨은 이치여,
우리는 그 안에 놓인 작은 피조물

그러나
생명 없는 자연이 되지 않으려면,
창조의 숨결을 기억하라

5부

커피, 그리고 사색

그 바다, 카페에서

작년에 왔던 이곳, 용두암
익숙한 바람이 반갑다

카페 창가에 앉아
끝없이 펼쳐진 수평선을 본다

잔잔히 밀려오는 파도는
아무 말 없이 말을 건넨다

작년엔 무언가에 쫓기듯
해변을 향해 달려들었지

하지만 지금,
나는 조용히 바라본다

변화무쌍한 바다처럼
우리의 삶도, 세상도 늘 흐르고 변한다

그 속에서 가만히 나를 돌아본다
아련하게 떠오르는 지나온 시간들

그리고 문득,
그 모든 순간이 고맙다

커피 향에 젖어본다

오늘도 익숙한 카페 구석,
그 조용한 자리에 앉아
커피 향에 가만히 젖어본다

너는 커피만 마셔도
밤을 설친다 했지
그래도 매번
내가 이기나 네가 이기나
우리 둘 사이엔 작은 전쟁이 벌어진다

나도 그래,
늦게 알아버린 이 향기에
빠져들고 말았지

아, 이 깊고 따뜻한 향기
온 세상이 왜 여기에 머무는지
이제야 알 것 같다

문득,
새로운 세상에 입문한 듯한
설렘이 스민다

변해가는 세상 속에서
적응한다는 것,
참,
쉬운 일이 아니구나

하지만 그래,
이것이 세상과 부드럽게
어깨를 맞대며 사는 삶이겠지

하루의 끝, 커피 한잔

선선한 바람
늦은 오후를 흔들고,
익숙한 카페 문을 열면
고요한 적막이 앉아 있다

글을 쓰며
하루를 덮는 시간,
은은한 커피 향에
슬며시 마음을 담근다

인생이 별거냐,
이렇게 하루의 자취를 남기는 거지

커피 향이 이토록 깊을 줄이야
예전엔 몰랐네, 이런 맛

오늘도 이렇게
하루의 끝자락에 앉아
소박한 삶을 정리한다

카페

카페가 없었다면
우린 어디서 숨을 골랐을까

무더운 여름엔 햇살을 피해
한 줌의 그늘이 되었고

추운 겨울엔 창밖의 바람 대신
따뜻한 온기를 품었지

사랑을 속삭이던 여인들의 눈빛 속에
시간이 머물고

한량의 무료한 오후도
커피 향 속에 조용히 젖어 들었네

이제는 시대를 담는
작은 문화의 마당

누구나 자기만의 이야기를
한 잔에 담는 카페

보리밭에서

중랑천,
보리밭 앞에 앉으니
어렸을 적
아버지와 형과 함께
낫으로 보리를 베고
타작하던 때가 떠오른다

땀에 젖은 러닝셔츠에
온몸이 따가웠고

수수한 반찬
새큼한 열무김치 곁들인
보리밥 한 그릇이
세상 가장 귀한 밥상이던 그때가
아련히 떠오른다

그날 말없이
삶의 맛을 알려주시던 그리운 아버지

나는 오늘
비둘기와 함께
이 세상에 없으신 아버지 생각이 난다

커피, 그리고 나

오늘 문득,
무엇을 위해 살아왔을까
고요한 향기 속에서
나 자신에게 묻는다

인생은 멈춤을 허락하는 용기
고요한 시간 속
작게 피어나는 마음의 소리

혼자인 이 순간,
삶의 의미가 커피 향처럼 스며든다
따스한 온기를 따라
기억도 생각도 천천히 녹아든다

너무도 바쁘게 지나온 나날들
그 끝에 남은 건
이 조용한 한 잔의 위로
이제서야 알겠다

커피, 그리고 나
우리의 시간이
이렇게 아름다웠다는 것을

카페의 문화

도심의 속도 속,
잠시 멈춤의 공간

누구나 일상 너머의 대화를 나누고
연인과 감정을 섬세히 나누며
친구와 웃음을 공유하는 곳

에스프레소 한 잔에 피로를 녹이고,
탁자 위 메모 한 줄에
창업의 아이디어가 싹트며
스피커에서 흐르는 음악 속에
감성의 결이 깃든다

카페는 단순한 장소가 아니라,
삶과 영감이 교차하는
세련된 도시의 문화 플랫폼이다

보리밭 쉼터

의정부
중랑천 보리밭 쉼터

주말이면 보리밭 앞에서 많은 사람들이
추억의 낭만을 즐기지만

조용하고 한적한 평일 오후,
바람은 살며시 나에게 다가와
시원하게 살결을 스친다

잘 차려진 보리밥상 곁에
슬며시 다가앉은 비둘기들
한가롭게 식사를 즐긴다

참 보기에도
평화로운 풍경
중랑천 보리밭

처마밑 제비집

어느새 짝을 지어
처마 밑에 둥지를 틀고
알을 품어
작은 생명을 깨웠구나

어미가 먹이를 물고 날아들면
입을 쩍 벌리고
달라고 아우성치는 새끼들
정겨운 그 모습
어느 날 문득 바라보았지

그 새끼들이
어기적거리며 날갯짓을 하더니
드디어 세상 밖으로 나가 어른이 되어,
가을이면 따뜻한 강남으로
먼 길을 떠나겠지

아직은 모르겠지
그 길이 얼마나 험하고 먼지

하지만 앞길을 미리 안다면
안 되는 법

그래서 옛 어른들이
"모르는 게 약이다" 말씀하셨지

딱 맞는 말이야

너희 삶은
지구를 돌며 도는 운명,
그렇게 지음을 받았으니
삶 자체가 여행임을
기쁘게 여기며 날아가렴

때로는,
너희들이
참 부러울 때가 있단다

꽃의 여왕, 장미

담장 위로 봄 향기를
살며시 터뜨리는
요염한 장미꽃

지나는 이의 발걸음을 멈추게 하고
눈을 맞추게 하네

아름답고 어여쁜 너의 속에
가시가 숨어 있다던데

어디에 감추고
어찌 그리 유혹하니?
그래도 너의 모습이 너무도 예뻐
그만 홀딱 반하고 말았지

너에게 빠지지 않는 이가 없어
그래서일까
사랑을 전하는 여인의 손에
언제나 네가 들려 있구나

열매를 꿈꾼다

연례행사처럼 내려오는
장맛비
그 속에 젖어드는 초록의 숨결

초목들은
흠뻑 적셔진 마음으로
무더운 여름을 이겨내고
가을빛 열매를 꿈꾼다

자연은 말이 없다
그러나 그 침묵 속에
창조주의 숨결이 흐르고

비 내리는 날마다
대지 위에 울리는
소리는 자연이
부르는 합창의 소리

존재의 향기 속으로

무더운 하루,
삶이 내게 던지는 뜨거운 물음표들 속
차분히 스며든 바람과 비는
존재에 대한 또 다른 응답처럼
고요히 나를 감쌉니다

우산 속 걸음들은
의미와 무의미 사이를 걷고,
커피 향기 속에서
나는 나 자신을 다시 묻습니다

사람들의 대화 너머로
흘러가는 시간의 소음이
잠시 멈추는 그곳에서,

나는 커피 한 모금에
삶의 진실을 음미하고
내면의 우주로 깊이 젖어 듭니다

여름과 가을 사이

뿌옇게 비안개 내려앉은 산야,
여름의 숨결이 마지막 빛을 흔들고

젖은 대지는
다가올 수확의 꿈을 안은 채
조용히 숨을 고른다

시원한 비바람에
물러나는 무더위는
이별을 아는 듯,
낙엽처럼 고개를 떨군다

그 순간,
풀벌레 울음 속에서
가을의 첫 발자국 소리가 번지고

가을 남자는 그 길목에 서서
머언 계절의 빛을
마음속에 품는다

순응의 철학

장마는 해마다 되풀이된다
인간은 짜증을 내지만
초목은 침묵으로 받아들인다

그리하여 자신을 채우고
뜨거운 여름을 견뎌낸 후,
더 깊고 단단한 열매를 맺는다

자연은 가르친다
순응 속에 의미가 있고
고통 속에 성장의 이치가 있음을

그 하모니는
우주의 이성과 감정이 교차하는 경계에서
마침내 조화롭게 울려 퍼진다

기다리는 사랑

계절은 말없이 흐르지만,
그 속에는 삶의 비밀이 숨어 있다
안개 속 산야는
세상의 모든 진실이 한 번에 드러나지 않음을 말하고,
이슬을 먹는 잠자리는
작은 것으로도 충분히 살아갈 수 있음을 가르친다
대롱대롱 매달린 고추와 고개 숙인 벼는
성장은 반드시 인내의 시간을 거쳐야 함을 보여준다
그리고 그 모든 과정을 바라보는 농부의 눈길 속에
인생의 의미가 담겨 있다
그것은 돌보고 기다리는 사랑이다

별 하나, 나를 비추다

깜깜한 밤하늘 깊은데
조용히 깃든 별 하나,
윤기 머금고

희미한 길 위,
낯선 바람 부는 밤,
나는 홀로 걷고 있었고
우연히 고개를 들었을 때
그 별은 조용히 말을 걸었다

이 어둠조차
너를 삼키지 못하리
나는 늘
너의 머리 위에 머물러 있으니

멀고 먼 그 빛,
닿을 수 없어 더 그리운
어느 누군가의 온기처럼
가슴 한구석을 데우고

내 안에 잊었던 희망 하나,
별빛 따라
다시 깨어납니다

안개 되어

자연의 순환 속에 피어나는
고요한 아름다움

촉촉이 젖은 대지를
가슴에 품은 물은

안개 되어 피어오르고,
구름 되어 하늘에 닿는다

생명의 물이 되어
다시금 대지에 내리니

삼라만상 순환하며
아름다움으로 깃들고,

그 속에서 피어나는
팔도강산의 꽃들

안개의 품속에서

창밖의 산야는
무엇이 그리 수줍은지
안개로 살며시 얼굴을 감춘다

비는 보슬보슬 내리고
안개는 그 비에 기대어
고요히 내려앉는다

달리는 차창 너머로
내 마음도 조용히 안긴 채
오늘의 작은 설렘을
가슴에 품는다

시원한 바람 결

초복을 건너고
말복을 지나며
인생의 여름도 지나간다

하지만 세월은 흐르고
모든 것은 지나간다
그리하여 인생의 무거운 날들도
언젠가 바람 속으로 흩어지리라

이제 살결을 스치는
서늘한 바람결,
포도송이는 햇살 속에 검게 빛난다

코끝에는 익어가는 향기,
하늘엔 얇은 구름이 길게 늘어서고
멀리서 귀뚜라미가 가을의 서곡을 부른다

그 안에 너

아직 만물이
고요히 잠든 시각,
나는 깨어났다

그대의 흔적이 스며든
꿈결을 뒤로한 채
조용히 짐을 싼다

오늘도 하루의 의미를
되새기며
먼 길을 떠난다

어디쯤에서
너를 닮은 풍경을
만날 수 있을까

여행이란,
어쩌면 그리움을 따라 걷는 것

새로운 환경,
새로운 사람들과의 만남 속에서도

문득 떠오르는 너
인생은 그리움으로
채색되어 간다

아름다운 날들이여,
그 안에 너

흔들어 깨웁니다

다정한 당신은
사랑의 향기가
고요히, 잠잠히 흐르는 사람

나의 시간 속을 걷다 보면
문득문득 떠오르는
아름답고 평화로운 당신의 모습
이것이 꿈결인가
가만히 꼬집어 봅니다

시원히 스쳐 가는 바람에도
당신의 향기가 묻어나
그 상쾌함마저
내 마음 깊은 곳,
잠들어 있던 나의 마음을
조용히 흔들어 깨웁니다